# FastTrack
### INTRODUCCIÓN A LA MÚSICA

Para voces masculinas o femeninas

# Cantante 1

## INTRODUCCIÓN

T0039543

### Quieres ser cantante... ¿entonces ahora qué?

Seguro, ya que has sido cantante desde antes de que pudieras amarrarte los agujetas, pero ahora quieres transformar esas vocalizaciones en resultados concretos. Tal vez desees formar una banda, explorar una nueva carrera o simplemente sonar mejor en la ducha. ¿No estarán impresionados tus amigos y familiares cuando realmente puedas cantar y leer música? Sí, así es; ¡vamos a enseñarte a leer música!

En sólo unas pocas semanas estarás leyendo y cantando en voz baja algunas célebres melodías, a la vez que aprenderás técnicas de calentamiento y práctica. Al finalizar este libro, estarás listo para cantar éxitos con una banda.

Todo lo que pedimos es que tengas en cuenta las tres P: **paciencia**, **práctica** y **pulsos de tu ritmo**.

No trates de abarcar más de lo que puedes, y NO te saltees pasos. Si estás cansado, tómate el día libre y dale un descanso a tu voz. Si te sientes frustrado, suelta el libro y retómalo más tarde. Si te olvidas de algo, vuelve a leerlo para aprenderlo de nuevo. Si la estás pasando bien, olvídate de la cena y sigue cantando. Y lo más importante: ¡diviértete!

## ACERCA DEL AUDIO

*Q*ué bueno que notaste el bonus extra: ¡Audio online! Cada ejemplo musical del libro está incluido en el audio, por lo que puedes escuchar cómo suena y cantar a la par cuando estés listo. Escucha cuando veas este símbolo:

Cada ejemplo del audio está precedido por una medida de "clics" para indicar el tempo y la métrica. En algunos ejemplos, se grabaron tanto la versión masculina como la femenina.

Para acceder el audio por favor visitar:
**www.halleonard.com/mylibrary**

6840-8355-0448-6239

ISBN 978-1-4584-1178-5

Visite Hal Leonard en línea en
**www.halleonard.com**

Contact Us:
**Hal Leonard**
7777 West Bluemound Road
Milwaukee, WI 53213
Email: info@halleonard.com

In Europe contact:
**Hal Leonard Europe Limited**
Distribution Centre, Newmarket Road
Bury St Edmunds, Suffolk, IP33 3YB
Email: info@halleonardeurope.com

In Australia contact:
**Hal Leonard Australia Pty. Ltd.**
4 Lentara Court
Cheltenham, Victoria, 3192 Australia
Email: info@halleonard.com.au

# UN BUEN LUGAR PARA EMPEZAR

## Cómo se produce la voz

Has usado la voz durante años (caray, comenzaste a gritar desde el momento en que viniste al mundo), pero hasta ahora probablemente no hayas pensado seriamente en el canto. Aún así, al cantar usas los mismos órganos que para hablar, tararear y discutir con tus padres: las cuerdas vocales.

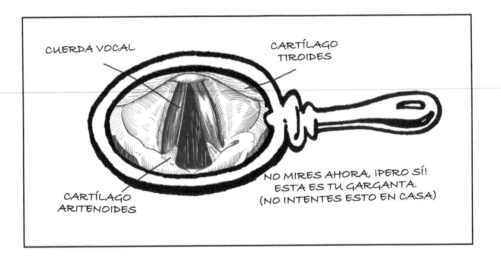

Estas dos piezas de tejido altamente evolucionadas son las tuercas y tornillos de tus "instrumentos". A menos que seas un ciborg, no tienes tableros de circuitos eléctricos u otra maquinaria de onda en tu interior que te ayuden a afinar, ajustar el tono o imitar el sonido de otros instrumentos musicales. Esto depende de tus cuerdas vocales y de sus buenas vibraciones.

## Todo oídos

Tú tienes dos mecanismos más importantes ubicados a ambos lados de la cabeza: los **oídos**.

¡No estamos bromeando! Tus oídos deben monitorear constantemente lo que hacen tus cuerdas vocales. Si no estás cantando bien, tus oídos (y, de hecho, todas las demás personas) lo sabrán. Por lo cual, ¡evita la formación de cera y mantenlos limpios!

## Chequeando Tu Registro

El registro de tu voz depende de dos cosas: el género y las cuerdas vocales. Si eres mujer, los registros tradicionales para ti se llaman **soprano** (más agudo) y **contralto** (más grave). Estos registros generalmente cubren aquellas notas que se muestran en el teclado de más abajo, aunque las voces individuales varían:

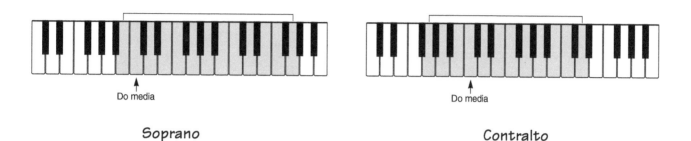

**Soprano**            **Contralto**

Para los varones, los registros tradicionales se llaman **tenor** (más agudo), **barítono** (medio) y **bajo** (grave). Por supuesto, las voces masculinas varían (especialmente durante el torpe período de la pubertad), pero los registros vocales generalmente abarcan las siguientes notas:

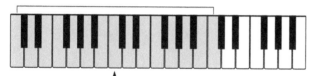
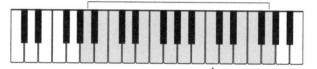

**Tenor (más agudo)**          **Barítono (medio)**

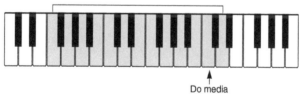

**Bajo (grave)**

¿**N**o tienes un teclado cerca? No te preocupes.
Te brindamos el teclado en el audio.
Revisa estos registros vocales.

DOBLAR

# DOBLA ESTAS DOS PÁGINAS

## *(... vas a necesitar repasarlas más tarde)*

La música es un lenguaje con sus propios símbolos, estructura, reglas (y excepciones a estas reglas). Leer, escribir y cantar música requiere del conocimiento de todos los símbolos y las reglas. Pero vayamos un sonido a la vez (algunos ahora, algunos después)...

## Notas

La música está escrita con pequeños elementos llamados **notas**. Las notas vienen en todas las formas y tamaños. Una nota tiene dos características esenciales: su **sonido** (indicado por su posición) y su **valor rítmico** (indicado por los siguientes símbolos):

| | | |
|:---:|:---:|:---:|
| o | ♩ | ♩ |
| **redonda** | **blanca** | **negra** |

El valor rítmico te permite saber cuántos tiempos dura cada nota. Comúnmente, una negra equivale a un tiempo. El resto es similar a las fracciones (¡nosotros también odiamos las matemáticas!):

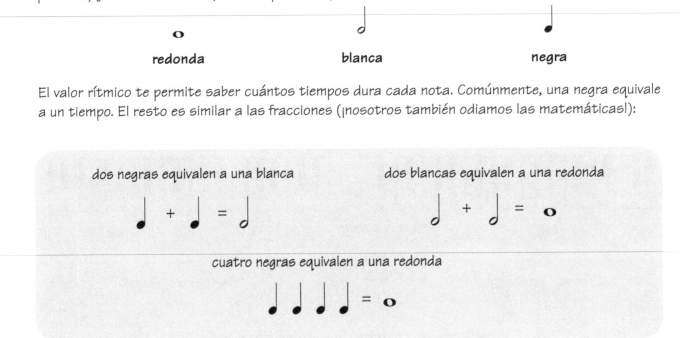

## Pentagrama

Todas las notas se ubican sobre (o cerca) de un **pentagrama**, que consiste en cinco líneas paralelas y cuatro espacios. (El plural de pentagrama es "pentagramas"). Cada línea y espacio representa un sonido diferente.

## Líneas adicionales

Como no todas las notas caben en únicamente cinco líneas y cuatro espacios, **las líneas adicionales** se usan para extender el pentagrama:

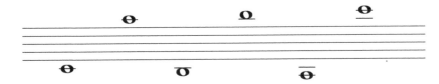

## Clave

El símbolo que se denomina **clave** indica qué sonidos aparecen en un determinado pentagrama. La música emplea una variedad de claves, pero sólo nos preocupa una por el momento:

clave de sol

Una **clave de sol** hace que las líneas y los espacios del pentagrama tengan los siguientes sonidos:

| Mi (E) | Sol (G) | Si (B) | Re (D) | Fa (F) |
|--------|---------|--------|--------|--------|
| Esas | Grandes | Bandas | Deleitan | Fans |

| Fa (F) | La (A) | Do (C) | Mi (E) |
|--------|--------|--------|--------|
| | "FACE" | | |

Una forma fácil de recordar los sonidos es decir "**E**sas **G**randes **B**andas **D**eleitan a los **F**ans". Para los espacios, deletrea "**Fa-La-Do-Mi**".

☞ En nuestro sistema de nomenclatura, todas las notas van a tener uno de los siguientes nombres: Do-Re-Mi-Fa-Sol-La-Si. (En el sistema de nomenclaturea de los países sajones, se usan las letras del abecedario, que corresponden a nuestro sistema así: C-D-E-F-G-A-B).

## Compases (*o barras*)

Las notas en un pentagrama están divididas en **compases** (o "barras") para que sepas en qué parte de la canción te encuentras. (¡Imagina leer un libro sin puntos, comas ni mayúsculas!)

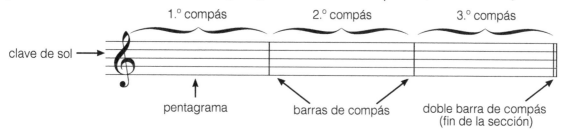

clave de sol →

1.º compás  2.º compás  3.º compás

pentagrama    barras de compás    doble barra de compás
(fin de la sección)

## Fracciones de compás (*o métrica*)

Una **fracción de compás** (o "métrica") indica cuántos tiempos aparecerán en cada compás. Contiene dos números: el de arriba indica cuántos tiempos habrá en cada compás; el de abajo indica qué tipo de nota igualará a un tiempo.

cuatro tiempos por compás
negra (1/4) = un tiempo

tres tiempos por compás
negra (1/4) = un tiempo

☞ **R**elájate por un instante, léelo nuevamente y luego prosigue.
(Confía en nosotros; a medida que avancemos con el libro, lo entenderás).

# LECCIÓN 1
## *Aprende a leer música por ti mismo*

**P**ara ser un buen cantante, también debes aprender a leer música. ¡No tengas miedo! Avanzaremos lentamente, un poco a la vez. (Si lo necesitas, vuelve a las dos páginas anteriores para una revisión rápida de los valores rítmicos... te esperaremos).

### Ritmo

Toda la música tiene **ritmo**, lo cual crea el pulso de la música. Es lo que hace que quieras chasquear los dedos y arrastrar los pies. Es ese impulso o ese aire fanfarrón despreocupado lo que hace que una canción sea bailable. Y mientras la música no puede existir (realmente) sin ritmo, este último sí **puede** existir sin música.

Para comprender por completo el concepto y la importancia del ritmo, comienza por marcar el tiempo con el pie y contar "1, 2, 3, 4" junto con el audio. Estás marcando el tiempo, lo cual suele tener una velocidad constante a través de la canción.

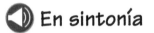 **En sintonía**

Muchas canciones tienen cuatro tiempos por compás (como la de arriba). Entonces, cuenta "1, 2, 3, 4" y comienza otra vez desde el "1" luego de cada barra de compás nueva. (Por lo tanto, incluso en una canción corta de 3 minutos, podrías estar contando los tiempos "604, 605", etc.)

Ahora escucha el siguiente ejemplo en el audio mientras marcas "1, 2, 3, 4" con los pies al compás. La misma nota musical se toca con un patrón rítmico variable, mientras que el tiempo (que se escucha en forma de clic) sigue un ritmo constante.

 **No es realmente música**

No es exactamente una melodía que le pedirías a tu DJ favorito, ¿verdad? Pero ilustra la siempre vigente idea de ritmo: algunas notas son largas, otras son cortas, y el tiempo continúa.

Prueba un ejercicio rítmico haciendo uso de negras, blancas y redondas simples. Palmea al son del ritmo mientras cuentas el tiempo.

##  Palmea y cuenta

¡Felicitaciones! Estás leyendo música... bueno, estás leyendo ritmos, pero esa es la mitad de la batalla. Prueba de nuevo hasta que puedas hacerlo sin contar el tiempo en voz alta.

Luego probaremos con el canto. La nota Mi, ubicada en la primera línea del pentagrama, es una nota cómoda para comenzar. (¡Le pusimos algunas letras para mantenerte inspirado!)

##  Puedo leer música

Controla con el audio para asegurarte de estar cantando la nota Mi correcta, y no cualquier otra nota. Oye, la "banda" acompañante te ayudará a animar la melodía.

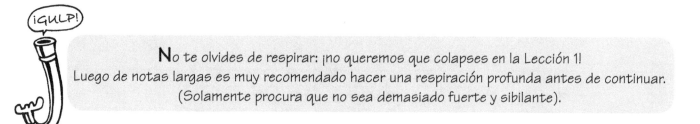

No te olvides de respirar: ¡no queremos que colapses en la Lección 1!
Luego de notas largas es muy recomendado hacer una respiración profunda antes de continuar.
(Solamente procura que no sea demasiado fuerte y sibilante).

# TIENES RITMO

Además de las redondas y blancas, existen otras formas musicales para extender el valor rítmico de una nota por más de un tiempo.

### ¡Linda ligadura!

Una **ligadura** conecta dos notas (las hace ver extravagantes) e indica que se debe extender la primera nota (continuar cantando) hasta el final de la nota ligada:

Probemos algunas notas ligadas en el siguiente ejemplo. Tal vez sea buena idea escuchar la pista del audio primero para escuchar cómo deberían sonar estas notas.

### 🔊 Todo ligado

### ¡Las que tienen puntillos también son lindas!

Otra manera de extender el valor rítmico de una nota es usar un **puntillo**. Un puntillo agrega a la nota a la mitad de su valor original. La más común es la blanca con puntillo:

$$\text{blanca} \qquad \text{puntillo} \qquad \text{blanca con puntillo}$$

| blanca | puntillo | | blanca con puntillo |
|--------|----------|---|---------------------|
| (dos tiempos) + | (un tiempo) | = | (tres tiempos) |

Encontrarás blancas con puntillo en muchas canciones, especialmente en aquellas que usan una métrica de 3/4 (es decir, tres tiempos por medida) como la pista 7.

### 🔊 La La Vals

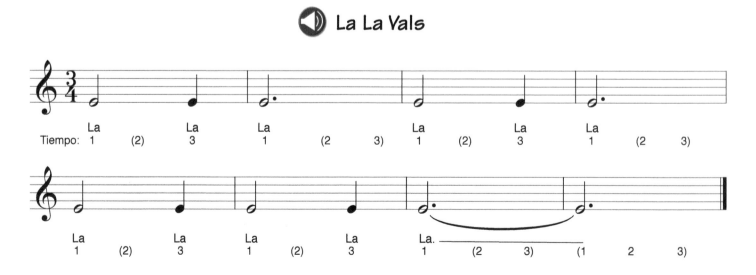

# LECCIÓN 2
## *Cómo escalar el pentagrama con tu clave...*

La nota Mi es una nota estupenda, pero seamos honestos: no hace buena música por sí misma. Para comenzar a cantar canciones reales, deberíamos aprender algunas notas más.

### Notas: Do, Re, Mi, Fa, Sol

Nuevamente, abordemos la lectura musical de manera gradual, unos pocos sonidos a la vez. Comenzaremos con cinco notas fáciles que se encuentran en la parte de abajo del pentagrama.

Escucha estas notas y retrocede el audio. Observa que una posición más alta en el pentagrama equivale a un sonido más agudo. En forma similar, mientras más baja sea la posición en el pentagrama, más grave será el sonido.

Prueba estos cinco sonidos en un ejercicio breve:

### Do a Sol

Ahora pruébalos en una canción real que usa estos cinco sonidos. Puedes llegar a sentir que no estás leyendo música realmente porque ya conoces las próximas canciones. Pero la familiaridad te ayuda a aprender: puedes ver cómo las notas de una melodía conocida suben y bajan en el pentagrama.

☞ IMPORTANTE: Como si estuvieras leyendo un libro, al llegar al final de una línea musical (pentagrama), continúa al principio de la siguiente línea. La canción se termina cuando aparece la doble barra de compás (una fina y una gruesa).

### Mary Had a Little Band

Estás haciendo ejercicios de calentamiento con esto del pentagrama. ¿Qué tal algunas melodías conocidas? Tómatelo con calma y concéntrate de verdad en cómo suena cada nota.

## Brother Jacques Rock

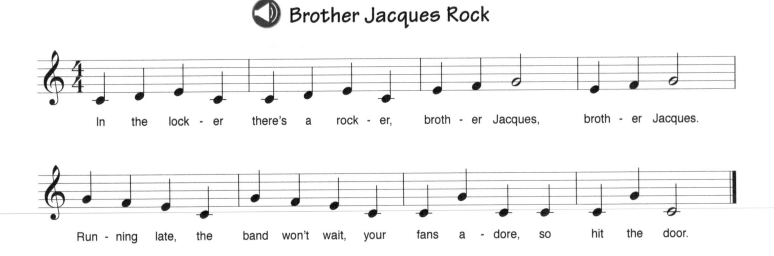

RECUERDA: no te pongas holgazán sólo porque ya conoces la melodía. Concéntrate en el lugar que cada nota de la canción ocupa en el pentagrama, en cuán lejos está de la siguiente nota, en su duración, y así sucesivamente...

## Himno a la alegría

¡Buen trabajo! Ahora prueba ambas otra vez con el audio.

Si realmente quieres probar tus habilidades en la lectura de música, intenta cantar los tres siguientes ejercicios. Ninguno tiene melodías conocidas o memorables, de modo que puedas ver cuán capaz eres para leer esas cinco notas nuevas.

# ALGUNAS NOTAS MÁS SOBRE MÚSICA

*(... ¡perdona el juego de palabras!)*

## Silencios

Un **silencio** musical es una pausa. Los silencios son como notas, ya que tienen sus propios valores rítmicos y te indican cuánto (o cuántos tiempos) pausar:

| silencio de redonda | silencio de blanca | silencio de negra |
|:---:|:---:|:---:|
| (cuatro tiempos) | (dos tiempos) | (un tiempo) |

En el siguiente ejemplo de 4/4, cantarás Sol, Sol, Sol, pausa, pausa, pausa, pausa, pausa, Sol, Sol, pausa, Sol, Sol, pausa, pausa, etc., etc.:

### Aquí estoy... esperando

Here I stand, wait - ing in line. Ex - press lane. The tab - loids say it's judg - ment day: A - li - ens, freaks, scan - dals. I'm feel - ing nerv - ous, con - fused, run - ning out of time. The sign says eight... i - tems. I have nine!

IMPORTANTE: ¡un silencio no significa sentarse o comer algo! Durante un silencio, deberías tomar bastante aire y prepararte para cantar el siguiente conjunto de notas.

He aquí un ejemplo que comienza con un silencio.

### Descansa antes de hacer "La"

La    la    la    la.        La    la    la    la.

## El vocablo en inglés "pickup" no hace referencia sólo a camiones...

En lugar de empezar una canción con un silencio, se puede usar una **anacrusa**. Una anacrusa simplemente borra los silencios del principio. Entonces, si la anacrusa tiene sólo un tiempo, debes contar "1, 2, 3" y comenzar a cantar en el 4.º tiempo:

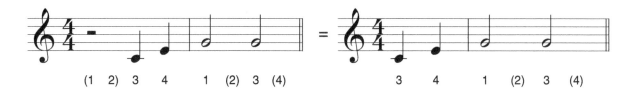

(1) (2)  3    4    1   (2)  3  (4)        3    4    1   (2)  3  (4)

La mejor manera de detectar una anacrusa en acción es escuchar su efecto en una canción que ya conoces. Escucha la próxima pista y fíjate en lo que queremos decir. Cuenta "1, 2, 3, 4, 1" y luego canta:

### Cuando los santos vienen marchando

Oh    when    the    saints _____ go    march - ing    in, _____

____ oh,    when    the    saints    go    march - ing    in.

Oh,    Lord    I    want    to    be    in    that    num - ber

when    the    saints    go    march - ing    in.

¿**E**sta charla sobre silencios te está agotando?
Es un buen momento para hacer una pausa, y tal vez tomar una pequeña siesta.
Cuando vuelvas, bebe un buen vaso de agua y
canta nuevamente las canciones de las lecciones 1 y 2.

# LECCIÓN 3
## *Cómo escalar alturas más grandes...*

**V**as muy bien: cinco notas y cinco silencios. Continuemos ascendiendo en el pentagrama y tomemos tres notas más que vale la pena cantar.

### Notas: La, Si, Do

Tus nuevas notas están ubicadas más o menos en la línea del medio del pentagrama, justo sobre las primeras cinco notas que aprendiste.

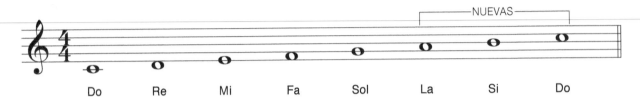

Para cantar estas notas por primera vez, hazlo despacio cantando de La a Mi, y continúa ascendiendo hasta la nueva La. Cuando alcances el punto máximo, vuelve al principio:

He aquí una melodía conocida que te ayudará a darles a tus ocho notas un uso inmediato y práctico. Como ya conoces la melodía, presta atención a la notación y a cómo cada nota simplemente desciende una nota o un espacio a la vez:

## 🔊 Joy to the World

# El mismo nombre, diferente nota

De las ocho notas que has aprendido hasta ahora, la más aguda y la más grave tienen el mismo nombre: Do. Las notas con el mismo nombre están siempre a una **octava** de separación (o, a veces, a dos o más octavas de separación). Esta nueva palabra significa "ocho notas de separación" (piensa en "octa", como un pulpo que tiene ocho tentáculos).

Estamos muy seguros de que has cantado octavas antes (y simplemente no te diste cuenta). Aquí tienes una prueba...

Aquí presentamos un par de ejemplos más de octavas en melodías:

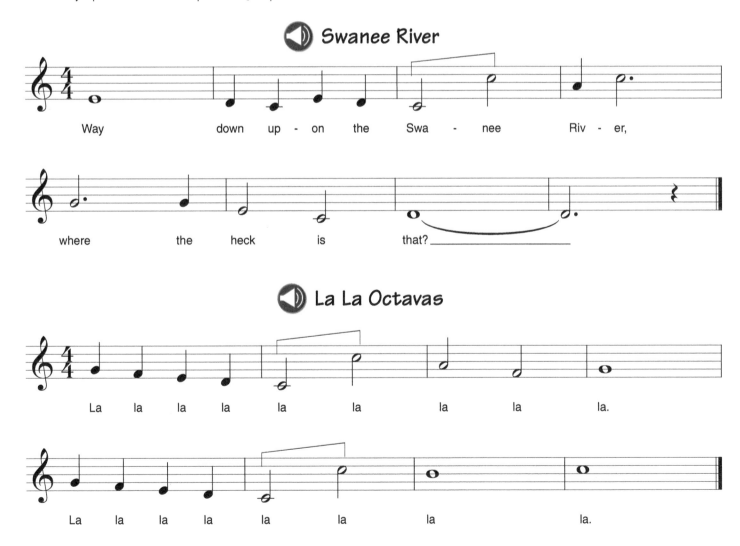

## Poniéndonos a tono...

La música está compuesta de **semitonos** y **tonos**. Por ejemplo, de Mi a Fa hay un semitono; de Fa a Sol hay un tono. Escucha esta sutil diferencia a medida que cantas las siguientes notas:

Half step, half step, half step.　　Whole step, whole step, whole step.

Ahora ubica cada una de tus notas en el diagrama para teclado a continuación y observa la distancia entre cada nota. (Estamos usando este diagrama por conveniencia; simplemente para ilustrar el punto. ¡No pienses que tienes que saber tocar la condenada cosa!):

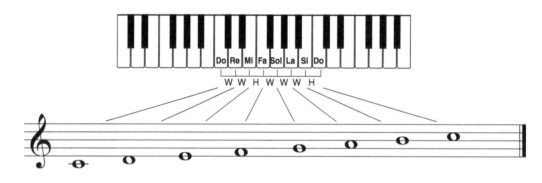

De una tecla del piano a la siguiente más próxima (negra o blanca) hay un semitono; dos teclas de distancia constituyen un tono completo. Como puedes ver, la mayoría de las notas que has aprendido están a un tono (dos teclas) de distancia. Sin embargo, de Mi a Fa y de Si a Do hay sólo un semitono.

**¿Y LAS TECLAS NEGRAS?** Las teclas negras del teclado tienen otros nombres, como Do sostenido y Si bemol. Las verás más adelante, cuando aprendas a cantar aún más notas. Hasta entonces, olvídalas.

Intenta cantar tus ocho notas en orden nuevamente.

## De Do a Do agudo

Do　　Re　　Mi　　Fa　　Sol　　La　　Si　　So

¿Te das cuenta de lo que acabas de cantar? (Bueno, *además de ocho notas, sabihondo*). Esa fue tu primera **escala** musical (la **escala mayor de Do**, para ser exactos). Las escalas son una herramienta importante en la música, ya que son la base para crear melodías, tonalidades y armonía.

## ¿Qué es una escala?

Una escala no es más que una distribución de notas en patrones específicos de semitonos y tonos completos. La mayoría de las escalas tienen ocho notas de arriba a abajo que representan una octava de separación.

La escala que cantaste en la página anterior comenzó con Do y usó un **patrón mayor**, ya que se trató de la escala **mayor de Do**.

Sirviéndonos nuevamente del diagrama para teclado, el patrón para una escala mayor es:

Patrón de tonos: **Tono — Tono — Semitono — Tono — Tono — Tono — Semitono**

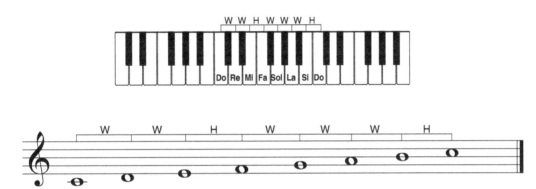

Usar las notas y los patrones de tonos en una escala es una gran manera de calentar la voz antes de cantar. Luego de volver de un largo descanso con pinball incluido, o algo así, practica estos ejercicios de calentamiento antes de continuar con la Lección 4. Combinar tus habilidades de lectura musical con tus capacidades vocales es siempre una buena manera de calentar la voz y el cerebro...

### Ejercicio de calentamiento N.º 1

### Ejercicio de calentamiento N.º 2

# ¡NO TE OLVIDES DE RESPIRAR!
## (Y cuando lo hagas, he aquí cómo...)

¿Sabías que el buen canto depende en un 75 % de la buena respiración? Podemos oírte decir: "¡Cómo no!" Pero piénsalo: ¿Qué es lo que estás haciendo en realidad cuando cantas? Estás haciendo vibrar el aire con las cuerdas vocales. ¿Y de dónde proviene el **aire**? ¡¡Ajá!! ¿Esto llamó tu atención?

## Tú tienes el control

Respirar es una función humana involuntaria, lo que significa que no pensamos en eso: simplemente ocurre. Pero cuando estés cantando, deberías pensar en ello constantemente. Deberías estar en completo control de tu respiración, y saber cuándo y cuánto respirar en todo momento.

Las letras de una canción pueden ayudarte a encontrar los momentos adecuados para respirar. Como sucede en una conversación, la idea no es interrumpir frases u oraciones con una respiración. Compara el siguiente ejemplo y fíjate cómo la ubicación de una respiración puede interrumpir una frase o dejarla intacta. (El apóstrofo [,] indica una **marca de respiración**).

No te avergüences de marcar tu partitura con estas pequeñas marcas de respiración como recordatorio de puntos musicales en que es adecuado respirar.

Y recuerda que, independientemente del contenido de la letra, siempre es una buena idea respirar profundamente antes de cantar una nota larga mantenida o una nota muy aguda y antes de hacer cambios drásticos en el volumen. ¡Feliz respiración!

## Ejercita esos pulmones

He aquí un gran ejercicio de respiración para ayudarte a fortalecer y controlar mejor tu respiración. Puede que te lleve mucho tiempo completarlo (varias semanas), pero resiste, ¡vale la pena! (Por supuesto, puede resultar bastante aburrido, así que podrías considerar poner tu CD favorito cada vez que lo hagas).

**1** Recuéstate boca arriba.

**2** Inhala durante 4 segundos, contén la respiración durante 4 segundos, exhala durante 4 segundos.

**3** Repite los pasos 1 y 2 durante 5 minutos sin interrupción. (Usa un cronómetro).

Hazlo todos los días (incluso dos veces por día) durante dos semanas. En la tercera semana, aumenta la duración del paso 2 a 6 segundos Después de una semana más, auméntala a 8 segundos. Cuando puedas inhalar cómodamente, contener el aire y exhalar en incrementos de 10 segundos, haz la rutina completa recostado y de pie. (Bravo, ¡ya estás a mitad de camino!)

Continúa realizando el ejercicio completo (ahora en incrementos de 10 segundos) por varias semanas más e incrementa gradualmente la duración del paso 2 cada semana (o cuando puedas hacerlo cómodamente). ¡Tu meta es 20! Cuando puedas hacer el ejercicio completo (inhalar, contener el aire y exhalar en 20 segundos), prueba hacerlo recostado, sentado y de pie.

Ahora todo lo que debes hacer es ejercitar esos pulmones a diario y antes de cada presentación.

# LECCIÓN 4
## *Claves para el éxito*

Te puedes estar preguntando por qué tanto alboroto con las escalas y los tonos. Es gracioso; estábamos a punto de explicártelo y tiene que ver con el concepto de **tonalidades**...

### ¿Qué es una tonalidad musical?

Se dice que una canción basada en la escala mayor de Do está en la **tonalidad de Do**. Como la escala mayor de Do tiene las notas Do, Re, Mi, Fa, Sol, La, Si y Do, las canciones en la tonalidad de Do también usarán la mayoría de estas notas en la melodía. (Por supuesto que existen otras tonalidades musicales, como **tonalidad de Fa, tonalidad de Sol,** etc.).

Las tonalidades son importantes para los cantantes por una razón principal: **el registro vocal.** Digamos que estás planeando cantar la siguiente canción. Adelante, inténtalo:

## 🔊 Asombrosa gracia (en tonalidad de Do)

Ahora dirás que las dos notas más graves (La y Sol) no suenan muy bien. No es tu culpa: simplemente son muy graves para tu registro vocal. ¿Qué debes hacer? Canta la canción en una tonalidad diferente (más aguda), lo cual hará que todas las notas (incluso las problemáticas, que son graves) sean más aguas.

La manera más fácil de lograrlo es hacer falsete. Sólo imagina y canta las notas más agudo, como se puede escuchar en la próxima pista. Es la misma canción, pero en una tonalidad más aguda: Fa.

## 🔊 Asombrosa gracia (en tonalidad de Fa)

## ¿Cómo lo hiciste?

Si comenzaste con una nota diferente (Do en vez de Sol), ¿por qué la melodía suena igual? Porque usaste la misma cantidad de semitonos y tonos completos entre cada nota de la melodía. Aquí es donde las escalas entran en juego.

La nueva tonalidad de Fa está basada en la **escala mayor de Fa** (así como la tonalidad de Do está basada en la escala mayor de Do), que tiene las siguientes notas:

### 🔊 Escala mayor de Fa

| Fa | Sol | La | Si bemol | Do | Re | Mi | Fa |

Esta escala emplea algunas notas que aún no has aprendido, especialmente la Re, la Mi y la Fa de arriba. Pero lo único que debes hacer es seguir cantando más agudo. Además, observa que la Si se ha alterado con un pequeño símbolo a su lado.

> **¿QUÉ ES ESE SÍMBOLO?**
> El símbolo en la línea Si se llama **bemol**, el cual luce como un semitono
> sin aire (¿lo entiendes? Es "plano"). Un bemol **baja** la nota un semitono.

Canta Si y Si bemol una y otra vez para comprender la idea de la diferencia del semitono:

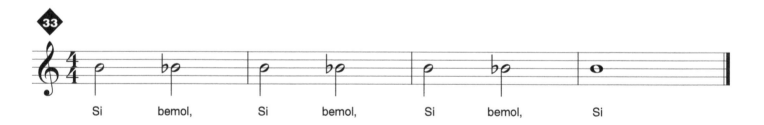

| Si | bemol, | Si | bemol, | Si | bemol, | Si |

# ¿Y LAS TECLAS NEGRAS?

Como prometimos, es un buen momento para explicarte acerca de esas teclas negras del teclado de nombre gracioso. La nota Si bemol que acabas de cantar es la misma que la tecla negra a la izquierda de (un semitono más bajo) la tecla Si.

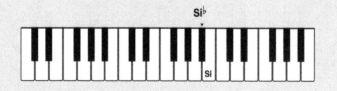

La mayoría de las notas que conoces (Do a Do) tienen estas notas "entre medio", entonces la mayoría de tus notas son capaces de tener un símbolo bemol a su lado.

Observa nuevamente al patrón de tonos de una escala mayor:

Patrón de tonos: **Tono — Tono — Semitono — Tono — Tono — Tono — Semitono**

Ahora aplica este patrón a una escala basada en la nota Fa y descubrirás que la cuarta nota tiene que ser un semitono de la tercera nota. Como Si es un tono de La, tienes que bajarla a Si bemol para que el patrón funcione.

Ahora las notas concuerdan con las de la escala mayor de Fa y la tonalidad de Fa. Muchas canciones en la tonalidad de Fa usan esta nueva nota Si bemol, como puedes ver en la siguiente canción:

### Las calles de Laredo

As I was a - walk - in' the streets of La - re - do, as
I was a - walk - in' La - re - do one day, I spied a poor cow - boy all
wrapped in white lin - en, all wrapped in white lin - en as cold as the clay.

Y algunas canciones en la tonalidad de Fa **no** usan la nota Si bemol. (Oye, ¡nadie dijo que era obligación!) Tal vez es por eso que Elvis usaba esta melodía para "Love Me Tender"... porque no quería que su canción decayera! (Perdón, fue un mal chiste).

### Aura Lee

As the black - bird in the spring, 'neath the wil - low tree,
sat and piped, I heard him sing, "El - vis cop - ied me."

21

## Otras escalas y tonalidades...

Ahora entiendes algo del concepto de esta tonalidad, exploremos otra tonalidad popular: la tonalidad de Sol. Aplica el patrón de tonos de la escala mayor a una escala que comience con Sol y obtendrás las siguientes notas:

### Escala mayor de Sol

¡Caracoles! No sólo tienes que cantar incluso más agudo que en la escala mayor de Fa, sino que hay un nuevo símbolo al lado de la nota Fa.

**¿QUÉ ES ESE SÍMBOLO?**

El símbolo en la línea Fa se llama **sostenido**, el cual luce como un tablero de tres en raya. (perdón, no es momento para juegos). Un sostenido **sube** la nota un semitono.

Canta Fa y luego Fa sostenido de ida y vuelta para entender mejor la diferencia entre estas dos notas.

Intenta cantar "Asombrosa gracia" en tonalidad de Sol:

### Asombrosa gracia (en tonalidad de Sol)

Ahora sé tú el juez: ¿qué tonalidad sentiste más cómoda (y sonó mejor) para tu voz? ¿Do, Fa o Sol? (No te preocupes, el favoritismo no te jugará en contra).

Intenta con un par más de canciones en la tonalidad de Sol. Ten cuidado con la nueva nota Fa sostenida...

## The Cruel War is Raging

The cruel war is rag - ing, John - ny has to fight. I want to be with him from morn - ing till night. I want to be with him. It grieves my heart so. Won't you let me go with you? No, my love, no.

## Good Night, My Fans

Good night, my fans. Good night, my fans. Good night, my fans. I'm gon - na leave you now. Thank you kind - ly. Good night.

# LECCIÓN 5

## *¡Todavía tienes ritmo!*

Las tonalidades, escalas y tonos de las notas son grandiosos, pero no puedes olvidarte del ritmo. Si estás un poco cansado de las negras, blancas y redondas, he aquí algunas formas de aprendizaje más rápidas...

### ¿Puedes ahorrarte una negra? ¿Y qué tal una corchea?

Una **nota corchea** tiene una bandera sobre ella: ♪

Dos corcheas igualan a una negra (o a un tiempo). Para facilitar su lectura (¡de nada!), las corcheas están conectadas con una **barra**:

Para contar corcheas, divide el tiempo en dos y utiliza "y" entre los tiempos:

Practica esto contando primero en voz alta mientras marcas el tiempo con los pies. La segunda vez, marca el tiempo con los pies mientras cantas la alocada letra "1 y, 2 y", etc.

## El deleite de la corchea

Una vez que escuches las corcheas usadas en una canción conocida, podrás apreciar mejor su ritmo.

## Simple Gifts

24

## ¿Y qué hay del resto? 𝄾

Cantar aquellas rápidas corcheas puede resultar cansador, así que no te olvides de descansar: un **silencio de corcheas**, eso es. Esto es igual (en extensión) a las corcheas, pero haces... una pausa. Cuenta, marca el tiempo y pausa con el siguiente ejemplo. (Te servirá escuchar la pista 1 del audio):

## Silencio de corcheas

Ahora intenta con una canción popular que use corcheas y silencios. (¡Recuerda: marca el tiempo con el pie!)

## Que no me entierres en la pradera solitaria

¡Esperamos que no haya sido muy difícil!
Simplemente recuerda cantar las canciones de corcheas despacio y agilizarlas sólo luego de que te sientas cómodo con el tiempo y el canto de las notas.

¿Recuerdas las otras tonalidades que aprendimos, Fa y Sol? Intentemos cantar ritmos de corcheas en estas tonalidades. Por supuesto, tendrás que recordar tus bemoles y sostenidos.

¿QUÉ ES ESE SÍMBOLO? En lugar de tener un símbolo por cada bemol (o sostenido) en una canción, se puede usar **armadura de clave** al principio de cada línea del pentagrama para indicar qué notas son bemoles (o sostenidos) a lo largo de la canción.

He aquí algunos ejercicios para leer armaduras de clave. Un bemol en la armadura de clave indica que estás en la tonalidad de Fa. Esta armadura también te indica que debes cantar las Si como Si bemoles.

## Buffalo Gals

Cuando veas un sostenido en la armadura de clave (en la línea Fa), sabrás que estás en la tonalidad de Sol... ya sea que uses Fa sostenido en la melodía o no.

## Alouette

¿Recuerdas la blanca con puntillo (tres tiempos)? Una **negra con puntillo** toma un tiempo y medio:

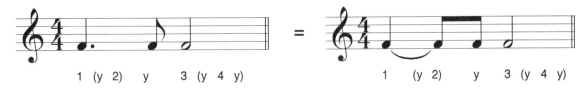

**negra**       **puntillo**       **negra con puntillo**
(un tiempo)  +  (medio tiempo)  =  (1 1/2 tiempos)

Piensa como si fuera una negra ligada a una corchea.

A menudo verás negras con puntillo emparejadas con una corchea, ya que la corchea iguala al medio tiempo faltante. Escucha del audio mientras palmeas y marcas el tiempo. Una vez que puedas sentir el ritmo de la negra con puntillo, intenta cantarla...

### Worried Man Blues

**E**ncontrarás muchas más negras con puntillo y corcheas a medida que avancemos.
Por ahora, ve junto a la TV, busca el control remoto,
¡y conviértete en un telespectador pasivo por un rato!

# MANTENIMIENTO Y CUIDADO
## (para tu "instrumento")

Bien, si no tienes ganas de tomar un descanso, al menos deja de cantar por un par de páginas y lee sobre el por demás importante (¡incluso vital!) arte de cuidar la voz.

## Evita la fatiga

Cuando estás cansado, todo tu cuerpo lo está... incluso tus cuerdas vocales. Si no has estado durmiendo bien o si has estado trabajando (o tocando) mucho, descansa un poco del canto y tómate un tiempo para distenderte y recuperarte.

Cantar estresa las cuerdas vocales. Si continúas cantando con las cuerdas vocales estresadas, puedes correr el riesgo de que sufran daños permanentes. ¡Es cierto! Si caminas o corres mucho, pueden salirte ampollas en los pies, ¿verdad? A las cuerdas vocales también pueden salirles ampollas o **nódulos** por su constante fricción y uso. Estos pequeños focos de inflamación se van fácilmente con descanso. Pero sin el descanso adecuado, ¡estos nódulos pueden crecer e incluso pueden llegar a requerir cirugía para su extracción!

¿Ya estás asustado? Bien, entonces asegúrate de descansar y dormir. Si no lo haces, entonces no cantes.

## Repórtate enfermo

Además del cansancio, deberías evitar cantar cuando estás enfermo, especialmente si tienes dolor de garganta. La enfermedad es la forma que tiene el cuerpo de decir: "¡basta!". Generalmente, no tenemos ganas de hablar cuando estamos enfermos, ni mucho menos de cantar. Pero no hay que tapar los síntomas con pastillas para la garganta o medicación de venta libre, primero mejórate.

Cuando hay dolor de garganta, las cuerdas vocales ya están inflamadas e hinchadas. Durante este momento de sensibilidad, lo último que deberías hacer es aplicar más estrés a través del canto. Descansa, bebe mucha agua y toma **vitamina C**. Y, por supuesto... consulta a un médico (¡porque nosotros no lo somos!).

Lo mismo se aplica a los resfríos, la gripe o incluso la congestión nasal. Cantar con un resfrío te desgastará la voz a corto plazo. Puede que no sufras daños en las cuerdas vocales al cantar con la nariz tapada, pero, lo mismo, ¿quién querría oírte cantar con ese sonido nasal? Tómate un descanso y mejórate. (Tu audiencia te lo agradecerá).

## Come saludable, canta bien

Una dieta bien equilibrada te ayuda a prevenir enfermedades. Si abusas de los dulces y la comida chatarra (¡ñam, ñam!), pero privas a tu cuerpo de los nutrientes y proteínas importantes que se encuentran en la comida de verdad, te enfermarás tarde o temprano. Y ya sabemos lo que la enfermedad puede hacerle a tu canto.

Incluso si algunos alimentos son "saludables", puede que no sean buenos para cantar. Por ejemplo, los productos lácteos (leche, queso, helado) producen mucho moco y congestión en las primeras horas luego de ingeridos. Nuevamente, ¿quién querría oírte cantar con todo eso en tu nariz y garganta? (¡Puaj!)

Lo más importante es que **BEBAS MUCHA AGUA**. No nos cansaremos de hablar de la importancia de la hidratación. El agua nunca es un exceso. Ayuda a evitar que tus cuerdas vocales se sequen y es realmente buena para la salud.

## No uses drogas

¡Es obvio! ¿Realmente es una novedad para ti que las drogas son malas? Fumar (marihuana o tabaco) literalmente te quema las cuerdas vocales. Y el humo que ingresa en tus pulmones limita gravemente tus capacidades respiratorias. El buen canto requiere de buena respiración.

¿Es necesario, acaso, mencionar las drogas ilegales como la cocaína, heroína, etc.? Vaya a saber lo que le hacen a tu cuerpo, ¡y a tu voz! No uses drogas. Punto.

## ¿Gritar o no gritar?

Bueno, bueno. Si te machucas el pulgar con un martillo o te pierdes en el bosque, tienes permiso para gritar. De lo contrario, trata de controlarte. Gritar causa el estrés más alto posible a las cuerdas vocales.

Puedes argumentar que en muchas de las bandas de la actualidad los cantantes literalmente gritan cuando cantan. Tienes razón, pero se trata de un **grito controlado** o **efecto de la voz**. Esto puede incluir gritar o cantar con una voz "rasposa". La mayoría de los cantantes que hacen estos efectos con la voz han trabajado con un preparador vocal y han aprendido a emitir ciertos sonidos sin dañar su voz. (Si no, no cantarán por mucho tiempo más).

Si este tipo de canto te interesa, cerciórate de contar con un preparador vocal que pueda ayudarte a focalizar y controlar el grito sin dañar tu voz en forma permanente.

## Trucos de la profesión

Con los años, se ha ido recurriendo a diversos remedios para la garganta, trucos y rituales previos a la presentación. Estos trucos de la industria ayudan a los cantantes a preservar, cuidar y calentar la voz. Explora estas posibilidades y descubres otras por tu cuenta:

 **Evita la cafeína**: la cafeína seca la garganta. Cuando bebes café, té o un trago suave, tu cuerpo necesita agua. Entonces, absorbe el agua de las membranas mucosas que mantienen las cuerdas vocales lubricadas. ¡Repugnante, pero cierto!

 **Evita el alcohol**: actúa igual que la cafeína. Además, puedes evitar la "no tan agradable" resaca.

 **Pastillas para la tos**: no querrás una garganta seca o con dolor. Estas pastillas mantienen la garganta humectada y... ¡tienen sabor a dulce! Pero no te vuelvas adicto; demasiadas pastillas pueden producir úlceras en la boca y otras irritaciones.

 **No hablar**: algunos cantantes insisten en no hablar antes de una presentación. Piensa en la posibilidad de no hablar durante todo el día anterior a la presentación Pero esto no necesariamente debe ser rudo o solitario. ¿Alguna vez escuchaste hablar del "Dígalo con mímica"?

 **Meditación**: la mente es una herramienta poderosa. Con la actitud y el sentido común adecuados puedes hacer que tu cuerpo haga cosas que de otra manera serían imposibles. Si tienes que alcanzar una nota muy alta, piensa que puedes hacerlo y probablemente lo lograrás.

 **Evitar las conversaciones telefónicas largas**: hablar estresa las cuerdas vocales. Además, cuando hablamos por teléfono, solemos hacerlo en un tono más monótono, lo que hace que las cuerdas vocales estén más tensas y menos flexibles. Si usas mucho el teléfono, asegúrate de hablar más "animadamente" y de variar el tono de voz.

**Hacer ejercicio**: un cuerpo saludable es un cuerpo saludable en toda su extensión.

Lo más importante es que pienses que tu voz es tu instrumento. Si fuera un exquisito violín, lo resguardarías del polvo y lo pondrías en un lugar seguro, ¿no es verdad? Haz lo mismo con tu voz.

# LECCIÓN 6
## ¡Entrena tus oídos!

Te habrás dado cuenta de que en las canciones que cantas algunas notas están más alejadas que otras. Por eso, tienes que hacer un "salto" más pronunciado con la voz de una nota a la otra. ¿Sabes qué? Estos saltos melódicos son excelentes herramientas para ayudarte a leer música. Sólo tienes que aprender lo que son...

### ¿Qué es un intervalo?

Volvamos a la escala mayor de Do que con tanta dedicación aprendiste algunas lecciones atrás. Cada nota en la escala se encuentra a una distancia determinada (cantidad de tonos) de las demás. La distancia entre dos notas se llama **intervalo** y puede tener diferentes tamaños:

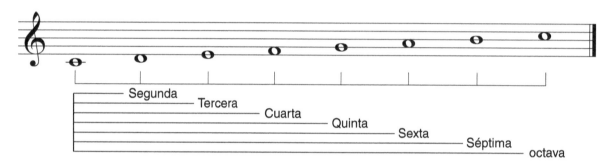

La numeración de los nombres de los intervalos es bastante fácil (casi absurdamente fácil) de recordar. Por ejemplo, de la primera a la tercera nota decimos que hay una **3a**, a la cuarta hay una **4a**, y así sucesivamente.

☞ NOTA: en vez de llamarse **8a**, el intervalo entre la primera y la última nota de la escala se llama **octava**. Esto ya lo aprendiste en la Lección 3.

## Intervalos por todos lados...

Todas las escalas pueden tener intervalos. ¿Recuerdas las escalas de Fa y de Sol mayor que aprendimos en la Lección 4? Veamos los mismos intervalos en esas escalas:

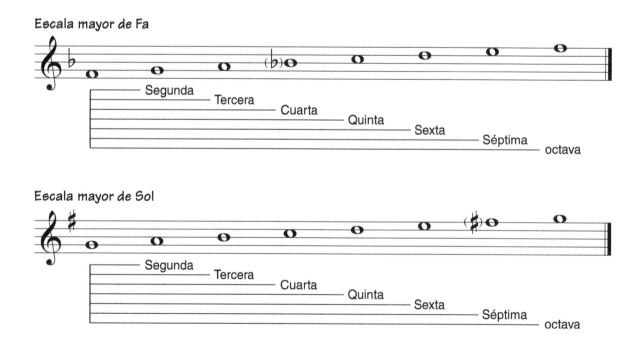

# Trucos de intervalos

¿Y de qué sirven los intervalos? Cuando aprendes el sonido particular de cada intervalo, puedes cantar con mayor facilidad una melodía que nunca has escuchado. Para lograrlo, busca una canción conocida que utilice cada intervalo. Cada vez que te detectes el mismo intervalo en una melodía, acuérdate de esa canción conocida. He aquí algunos ejemplos:

Sin dudas, puedes utilizar las canciones que gustes como ejemplo para recordar los intervalos... pero estas son bastante pegadizas, ¿no es cierto?

Intenta leer a primera vista algunas melodías desconocidas con los trucos de intervalos que acabas de aprender. Cuando veas una 2a, piensa en "Fray Santiago". Una 3a sería "Kumbayá". La 4a es la marcha nupcial... Bueno, ya entendiste, ¿cierto? ¡Buena suerte!

> ¡NO HAGAS TRAMPA! Trata de no escuchar el audio hasta descifrarlo primero por tu cuenta.
> (No siempre tendrás un audio a mano para aprender una nueva canción).

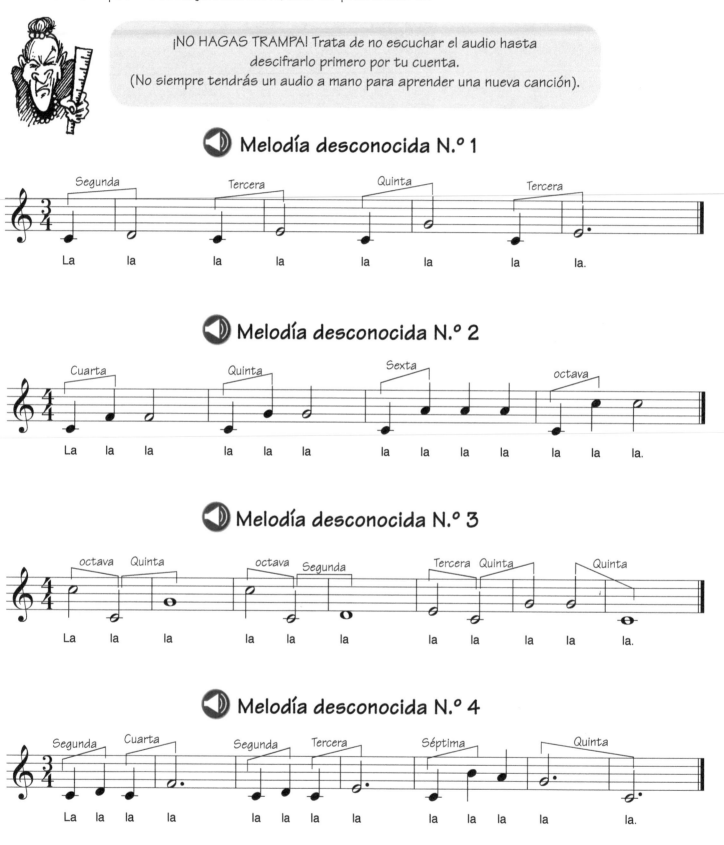

### 🔊 Melodía desconocida N.º 1

### 🔊 Melodía desconocida N.º 2

### 🔊 Melodía desconocida N.º 3

### 🔊 Melodía desconocida N.º 4

¡Buen trabajo! Lamentablemente, todavía no has terminado por completo con los intervalos...

Los intervalos se pueden alterar aumentando o disminuyendo la cantidad de tonos entre dos notas.

Varios de los intervalos anteriores (2a, 3a, 6a y 7a) se clasifican como intervalos **mayores**. (No interesa por qué, créeme). Si se disminuyen un semitono, se obtiene un nuevo intervalo llamado **menor**. Escucha las diferencias entre los dos tipos de intervalos:

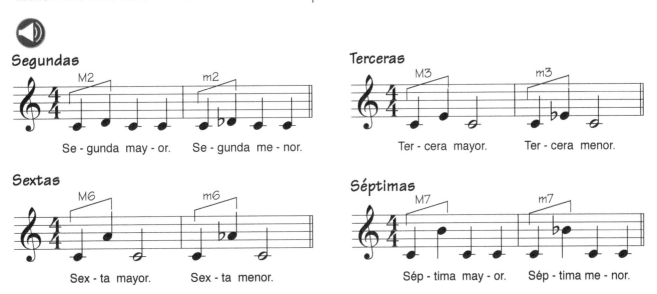

Con esto presente, he aquí más formas melódicas para recordar los nuevos intervalos menores (más pequeños):

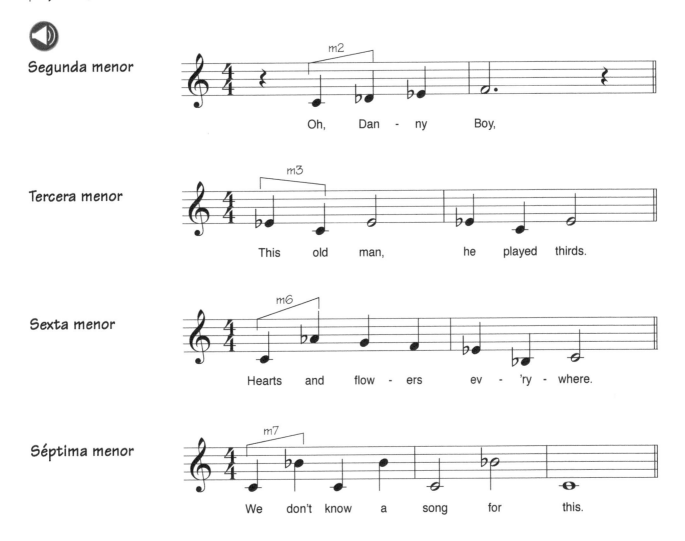

Los siguientes cuatro ejercicios de melodías te ayudarán a practicar la lectura a primera vista de los distintos tipos de intervalos. Con paciencia, vuelve a consultar las páginas 31 y 33 para tener presentes los trucos de melodías que puedes utilizar para estos intervalos. Con la ayuda de estos trucos (y sin la ayuda del audio), trata de descifrar todas estas melodías desconocidas.

### Ejercicio de lectura a primera vista N.º 1

La la la, la la la, la la la la la la la.

### Ejercicio de lectura a primera vista N.º 2

La la la, la la la, la la la la la la la.

RECORDATORIO: Una 3a menor (m3) debería sonarte parecida a "This old man", mientras que una quinta debe recordarte a "Campanitas del lugar".

### Ejercicio de lectura a primera vista N.º 3

La la la, la la la, la la la la la.

### Ejercicio de lectura a primera vista N.º 4

La la la, la la la, la la la la _____ la la la.

¡ATENCIÓN compradores de FastTrack™!
**El libro de canciones para cantantes 1** está disponible en cualquier tienda de música, con los éxitos de tus artistas favoritos.

# LECCIÓN 7
## ¡Más notas por el mismo precio!

Hasta aquí has aprendido tres tonalidades que dependen de tres escalas: Do, Fa y Sol. Pero los cantantes son célebres por usar diversas tonalidades, según su registro vocal. Así que, ¡necesitas más tonalidades!

### Es preferible escalar...

La **escala mayor de Re** tiene un sonido similar a las otras escalas que has aprendido, con la diferencia de que comienza en una nota diferente: Re. Por lo tanto, si recuerdas el sonido de las escalas mayores, esto te resultará bastante sencillo. Además del Fa sostenido que ya conoces, esta escala usa el **Do sostenido**.

### 🔊 Escala mayor de Re

CONSEJO PARA LOS INTERVALOS: para practicar el Do sostenido, puedes cantar un Fa sostenido y subir un intervalo de quinta o comenzar por la última Re y bajar una segunda menor.

En la próxima escala, tienes un nuevo sostenido: **Sol sostenido**. Esta escala suena como la escala mayor de Re que acabas de cantar, salvo por el hecho de que comienza una quinta más arriba (en La). (¿Una quinta? Acuérdate de "Campanitas del lugar"). Si es muy agudo, baja una octava. La continuación figuran ambas versiones:

### 🔊 Escala mayor de La

Para esta escala, debes comenzar una segunda mayor debajo de la Do central (o una octava debajo de la Si bemol que ya conoces). Como podrás ver, la nota usa la misma línea adicional que la Do, pero se coloca por debajo de esta.

### 🔊 Escala de Si bemol mayor

Debido a que las nuevas escalas tienen más sostenidos o bemoles, se necesitarán armaduras de clave nuevas. Recuerda que una tonalidad se basa en una escala, por lo que tiene la misma cantidad de sostenidos o bemoles que la escala correspondiente.

Tonalidad de Re          Tonalidad de La          Tonalidad de Si bemol

Sin memorizar las escalas, hay una forma fácil de diferenciar la tonalidad de la armadura de clave al instante:

### Tonalidades con sostenidos

Observa el último sostenido y muévete un semitono hacia arriba para descubrir el nombre de la tonalidad.

Último sostenido = Sol sostenido
Sol sostenido + 1/2 tono = La
Tonalidad = La

### Tonalidades con bemoles

El penúltimo bemol le da el nombre a la tonalidad. (A excepción de la tonalidad de Fa, que tiene un solo bemol. ¡Lo siento, pero tienes que memorizarte esa!).

Al lado del último bemol = Si bemol
Tonalidad = Si bemol

Probemos las tonalidades nuevas con algunas canciones que ya conoces y otras que tal vez no conozcas. Ve más despacio al comienzo y trata de acordarte de los sostenidos y bemoles correctos de la armadura de clave. ¡Buena suerte!

## 🔊 Beautiful Dreamer

Beau - ti - ful    dream - er,    Lot - to    to - night, ___

___    watch - ing    to    see    if    your    num - bers    are    right. ___

And    if    they    are,    then    you'll    be    all    set: ___

___    stu - di - o    time    and    then    pay    off    your    debt. ___

## Danny Boy

Oh, Dan - ny Boy, the pipes, the pipes are call - ing, ___

___ from glen to glen, and down the moun - tain - side.

The sum - mer's gone, and all the ros - es fall - ing. ___

___ It's you, it's you must go and I must bide. ___

**¿QUÉ ES ESE SÍMBOLO?**
Cuando aparece un sostenido o bemol al lado de una nota, dicho acorde se aplica a todo el compás.
Sin embargo, un **becuadro** (♮) cancela el sostenido o bemol,
y la nota regresa a su sonido "natural".

## Auld Lang Syne

Should old ac - quain - tance be for - got and ___

nev - er brought to mind. Should old ac - quain - tance

be for - got in ___ days of Auld Lang Syne.

Si esta canción es muy aguda para ti, intenta bajarla una octava. Puedes usar las mismas notas, simplemente piensa (y canta) más grave.

Si una canción está en una tonalidad particular, esto no significa que todas las notas de esa melodía vayan a ser de la escala de esa tonalidad. Muchas melodías usan notas "fuera" de la escala, en especial las canciones de blues...

**Crazy Blues**

I ain't got no time to lose. I must find her to-day. _____ Now the

doc-tor's gon-na do all that he can __ but what you're gon-na need is an un-der-tak-er man. I

ain't had noth-in'__ but bad news. Now I got the cra-zy blues.

☞ CONSEJO DE PRÁCTICA: trata de leer más allá de la nota que estés cantando, así estarás listo para el próximo conjunto de notas.

**Sugar Blues**

Sug - ar _____ blues, ev - 'ry - bod - y's sing - ing the

Sug - ar _____ Blues, the whole town is ring - ing. My lov - in' man's sweet as

he can be, but the dog - gone fool turned sou - r on me.

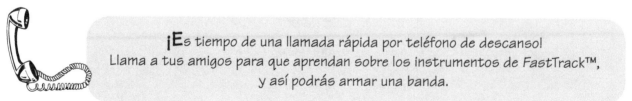

¡Es tiempo de una llamada rápida por teléfono de descanso! Llama a tus amigos para que aprendan sobre los instrumentos de FastTrack™, y así podrás armar una banda.

# HORA DE SUBIRSE AL ESCENARIO
## *(... a cantar como los profesionales)*

**Si** no tienes a quién llamar (o simplemente no puedes soltar este libro), aprovecha este momento para descansar la voz y leer sobre algunas técnicas importantes para las presentaciones. (Lo sentimos, pero esto no incluye consejos para maquillarse o peinarse. Eso lo tendrás que hacer por tu cuenta... ¡solo mantente alejado de los pantalones ochentosos!).

## Ritual previo a la presentación

Es muy importante que te tomes el tiempo necesario para calentar la voz antes de cada presentación. Caray, ¡en realidad, también deberías hacer ejercicios de calentamiento antes de ensayar! Los ejercicios de calentamiento deben convertirse en un ritual planificado con anterioridad, con la misma rutina, la misma secuencia, las mismas canciones, etc.:

**1** Bebe mucha agua, incluso puede ser agua tibia con limón.

**2** Recuéstate y practica la respiración (consulta la página 18), despacio y metódicamente.

**3** Haz los ejercicios de calentamiento vocal que figuran en la página 17 o al final de este libro (página 47).

**4** Cierra los ojos y relájate. (No hay problema si te duermes).

**5** Asegúrate de no tener la bragueta abierta antes de subirte al escenario.

Recuerda, es tu voz y tu tiempo. Por lo tanto, no dudes en crear tu propio ritual y rutina (excepto por el número 5, ¡que es muy importante!).

## Presencia escénica

**La forma** en que cantas es tan importante como **lo que** cantas. Hasta la mejor canción de la historia puede fracasar si tu interpretación es mala o aburrida. Por otro lado, una interpretación fabulosa puede hacer que una canción regular se robe el espectáculo.

Si tus hermanos o amigos se reían de ti cuando hacías playback frente al espejo, aquí descubrirás que quien ríe último, ríe mejor: Mirarte al espejo mientras cantas te permite controlar tu presentación en el escenario. Puedes recordar cómo se veía determinada sonrisa, movimiento de cabeza o movimiento de hombros en tus prácticas frente al espejo. Úsalo o déjalo.

Es importante tener estilo, pero muchas bandas de la actualidad brindan grandes espectáculos en remera y vaqueros. (Una vez más, ¿te advertimos sobre los pantalones ochentosos?). Puedes usar maquillaje estilo Kabuki, tirar fuegos artificiales o, simplemente, sentarte en el taburete del piano. Sea lo que sea que elijas, asegúrate de que sea tu decisión y de que lo puedas llevar a cabo con éxito.

Cuando por fin subas al escenario, hazlo con **confianza**. La audiencia puede percibir el nerviosismo y la neurosis incluso desde la fila 50. Por supuesto que es normal sentir nervios, pero procura que nadie se dé cuenta. (Si usas una bolsa de papel en la cabeza es evidente que no quieres estar allí).

## Cómo hablarle a la audiencia

A muchos cantantes les cuesta hablar con la audiencia. Pero no temas: todos quieren pasar un buen rato. Entre una y otra canción, prueba decir algo sobre la canción que sigue o di "gracias por venir esta noche". Actúa y exprésate con naturalidad, pero recuerda: no pretendas actuar como humorista si no lo eres: no vinieron a escuchar tus chistes.

## Cómo manejar el micrófono

Ya sea que estés en un gran auditorio o en un club pequeño, asegúrate de tener el micrófono adecuado para tu voz y el escenario. Un micrófono amplifica tu canto: ¡para bien o para mal! Cada nota, respiración, tos, sonido de los labios o sonido de la goma de mascar: todo se escucha por los parlantes. Para evitar bochornos, practica con el micrófono antes de usarlo en la presentación.

La proximidad del micrófono a tu boca es muy importante. Observa las distancias en los dibujos a continuación. Cada uno se utiliza por diferentes razones musicales...

| cerca | no tan cerca | más lejos |

Fíjate qué tan fuerte estás cantando a lo largo de cada canción. Si tienes que cantar fuerte o gritar, aleja tu boca del micrófono. Si es una balada lenta, acércate al micrófono. (Pero, por favor, no apoyes los labios en el micrófono: suena horrible, se ve horrible y, además, ¡no tienes idea adónde anduvo esa cosa!).

Además de lo concerniente al volumen, también debes tener en cuenta cómo se escuchan ciertas palabras o sonidos en el micrófono. Por ejemplo, las consonantes fuertes como la S, la T y la P se escuchan como si estuvieras escupiendo si las cantas muy cerca del micrófono. Aleja el micrófono si cantas cosas como "poste" o "siesta" o "tarteletas supersónicas".

Quizás quieras sostener el micrófono (y así puedes hacer algo con las manos) o dejarlo en el pie. De cualquier manera, trata de no verte raro. También puedes practicar esto frente a tu amigo el espejo. (Usa un peine o un perro caliente... o lo que sea).

## Cómo elegir la lista de canciones

Ahora, pasemos a lo que vas a cantar: quizás eres cantautor y quieres cantar tus propias canciones. (¡Asegúrate de que no apesten!) Quizás quieras cantar todas canciones de Frank Sinatra, o versiones de temas de Metallica o de las Spice Girls. Es **tu** decisión.

Lo esencial es que elijas las canciones siguiendo tres criterios básicos:

**1** Te gustan las canciones.

**2** Las cantas bien.

**3** Son apropiadas para la situación. (Por ejemplo, las canciones llenas de angustia sobre el desamor no son muy apropiadas para una boda, a menos que sea la boda de tu ex pareja).

Una vez que hayas elegido las canciones, organízalas en un orden adecuado. Ten en cuenta cómo una canción lleva a la otra, guarda las mejores para el final, no cantes dos baladas juntas, etc. No salgas al escenario y elijas canciones al azar: ¡te las olvidarás apenas estés bajo los reflectores!

# LECCIÓN 8
## Todo incluida la sincronización...

La forma más rápida de sonar como un profesional es jugar con una melodía y darle un toque personal. La forma más fácil de conseguirlo es rítmicamente. Así es: puedes implementar tus propios cambios sutiles en el ritmo de una canción y animar un poco las cosas...

### Síncopa

**Síncopa** significa "cantar las notas fuera de tiempo". Hace que la música suene menos predecible (¡y es estupendo para bailar!). Escucha un ejemplo no sincopado de la pista 67 del audio:

## 🔊 No del todo

Con la síncopa, muchas veces encontrarás ritmos nuevos como el patrón de **octavo-cuarto-octavo** y el patrón de **octavos ligados**. Escucha la pista 68 mientras cuentas y luego intenta aplaudir al son del ritmo.

Con un poco de práctica, empezarás a reconocer y cantar estos patrones sin siquiera tener que pensarlo.

Ahora, prueba la misma canción de la pista "No del todo" anterior, pero esta vez con síncopa:

## 🔊 Simplemente perfecto

Aún puedes percibir el tiempo, pero definitivamente tiene un estilo más animado, ¿no es así?

## ¡Ahora es tu turno!

Intenta cantar estas canciones conocidas con síncopa. Para escuchar y percibir mejor el ritmo, haz énfasis en las notas que tienen un **acento** "**>**" en la cabeza de nota (la mayoría de ellos **no** aparecen en el primer tiempo)...

### T'ain't Nobody's Bizness If I Do

If    I                should    take        a         no - tion

to    jump    in - to _____    the _____ o - cean,   'tain't    no - bo - dy's    biz -

_____ ness _____    if    I        do.

☞ **Las barras de repetición** (‖: :‖) te indican (sí, ¡adivinaste!) que debes repetir todo lo que esté en medio de ellas. Si solo aparece una barra al final ( :‖ ), debes repetir desde el comienzo de la canción.

### Frankie and Johnny

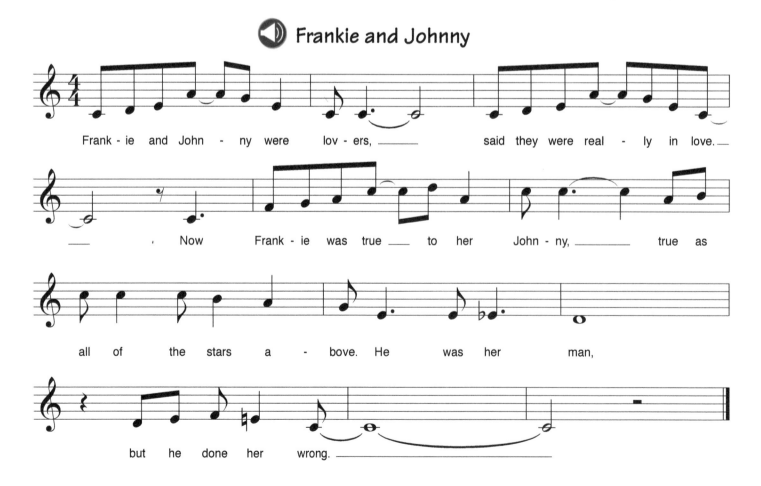

Frank - ie  and  John - ny  were    lov - ers, _____    said  they  were  real - ly  in  love. _____

_____ .    Now    Frank - ie  was  true _____  to  her    John - ny, _____      true  as

all    of      the    stars    a  -  bove.  He        was    her        man,

but    he    done    her    wrong. _____

42

Prueba otras melodías sincopadas: ¡apuesto a que no puedes contener las ganas de bailar!

## St. Louis Blues

I hate to see ___ the eve-nin' sun go down, ___

hate to see ___ the eve-nin' sun go down, ___

'cause my ba-by ___ he done left this town. ___

> CONSEJO DE PRÁCTICA: cuando una canción tiene un ritmo altamente sincopado, te puede resultar útil escribir el **primer tiempo** (1, 2, 3, 4) arriba de las notas. De esta forma, sabrás adónde va cada ritmo nuevo con más precisión.

## St. James Infirmary

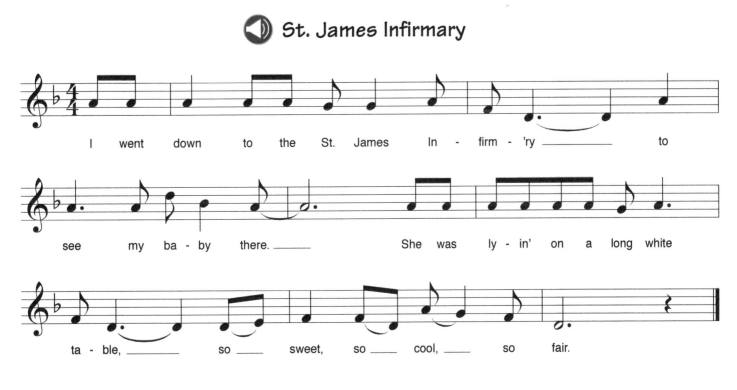

I went down to the St. James In-firm-'ry ___ to

see my ba-by there. ___ She was ly-in' on a long white

ta-ble, ___ so ___ sweet, so ___ cool, ___ so fair.

> ¡**Ú**ltima oportunidad de descanso antes de pasar al "modo presentación"!
> Asegúrate de tener un tarro de propinas grande y visible para los asistentes a la Lección 9.
> (Oye, hasta puedes tomar pedidos después).

# LECCIÓN 9

## *Es hora de cobrar la entrada...*

Esta no es una lección... ¡considérala una presentación!

Sabemos que quieres cantar con la banda, así que esta es tu oportunidad. La primera pista grabada de las próximas tres canciones tiene una parte vocal. La segunda, tiene solamente acompañamiento. De esta forma, puedes escuchar cómo suena y tratar de cantarla con la banda con el audio.

¡Que empiece el show!... pero antes tienes que calentar la voz con los ejercicios de la página 47.

### Exit for Freedom

banda completa · Sin cantante

**A** **Introducción**
**Rock pesado**

(descansa por 10 compases)

When I see you stand-ing there, \_\_\_ think-in' you look so good\_ in your bleached-out hair, \_\_\_ wait-ing for the cry-ing game. \_\_\_ You think you hurt me so \_\_\_ bad but I

**B** **Verso**

just don't care. \_\_\_ Out on my own, \_\_\_ feel-ing free, _____ mov-ing on. \_\_\_

\_\_\_ Just wait \_\_\_ and you'll see. \_\_\_ I'm go - ing a - way, \_\_\_

**C** **Solo de guitarra**

and \_\_\_ there is noth - ing to do \_\_\_ or to say. \_\_\_

**D** **Final**

I can see you stand-ing there, \_\_\_ flash-ing your mon-ey a - round \_\_\_ like a mil - lion - aire, \_\_\_ wait-ing for my

tears to fall. \_\_\_ You think you hurt me so \_\_\_ bad \_\_\_ but I real - ly don't care. \_\_\_

# Unplugged Ballad

## Billy B. Badd

# ¡ESPERA! ¡NO TE VAYAS TODAVÍA!

Antes de que te vayas, tenemos un pequeño obsequio para ti. Aquí tienes unos ejercicios de calentamiento vocal de muestra, basados en las escalas. Es una buena manera de calentar las cuerdas vocales. Si te gustan, puedes incorporarlos a tu ritual previo a la presentación.

## ¿Y ahora qué?

He aquí algunos consejos que te ayudarán a seguir perfeccionando la voz:

 **Repetir es la mejor manera de aprender.** Revisa los ejercicios de este libro una y otra vez hasta que sepas todas las notas, escalas y ejercicios sin siquiera pensarlo.

 **Compra el libro de canciones para cantantes FastTrack™**, que incluye canciones fabulosas de grandes artistas.

 **Piensa en contratar un entrenador vocal.** Un entrenador vocal profesional puede ayudarte con algunas dudas o enseñarte técnicas especiales que el libro no puede transmitir fácilmente.

 **Disfruta de lo que haces.** Ya sea practicar, interpretar o hasta cantar en la ducha, hazlo con una sonrisa. La vida es demasiado corta.

Nos vemos la próxima...

# ÍNDICE DE CANCIONES